LE NEOCOLONIALISME EN AFRIQUE CENTRALE : CAS DE LA REPUBLIQUE CENTRAFRICAINE DE 1960 à 2025

Dr Blaise YANDJI

Publisher: Upway Books
Authors: Dr Blaise YANDJI
Title: LE NEOCOLONIALISME EN AFRIQUE CENTRALE : CAS DE LA REPUBLIQUE CENTRAFRICAINE DE 1960 à 2025
ISBN: 978-1-917916-39-4
Cover Designed on Canva: www.canva.com

This book is a work of non-fiction. The information it contains is based on the author's research, experience, and knowledge at the time of publication. The publisher and authors have made every effort to ensure the accuracy and reliability of the information provided, but assume no responsibility for any errors, omissions, or differing interpretations of the subject matter. This publication is not intended to replace professional advice or consultation. Readers are encouraged to seek professional guidance where appropriate.

contact@upwaybooks.com
www.upwaybooks.com

TABLES DES MATIERES

Résumé :

Le néocolonialisme en Afrique désigne la domination, souvent indirecte, exercée par d'anciennes puissances coloniales ou d'autres États sur les pays africains, même après leur indépendance politique. Cette domination s'exprime principalement à travers des mécanismes économiques, financiers, politiques et culturels, maintenant une forme de dépendance et d'exploitation. Il implique que, les pays africains sont souvent maintenus dans des systèmes économiques qui les rendent dépendants des anciennes puissances coloniales, par exemple, à travers des accords commerciaux déséquilibrés, le contrôle des ressources naturelles, ou des dettes. Ici, les anciennes puissances coloniales peuvent exercer une influence politique sur les gouvernements africains, soit directement, soit par le biais d'interventions militaires ou de soutien à des factions politiques. Le néocolonialisme peut également s'exprimer par une influence culturelle, notamment à travers le maintien de systèmes éducatifs et de médias qui favorisent les valeurs et les intérêts des anciennes puissances coloniales. En titre d'exemple, le franc CFA, cette monnaie, utilisée dans plusieurs pays d'Afrique de l'Ouest et du Centre, est souvent critiquée comme un symbole de la domination économique française. Les accords de défense entre la France et certains pays africains, bien que souvent présentés comme des accords de coopération, sont perçus par certains comme des outils de maintien de l'influence française. La France, par exemple, a mené plusieurs interventions militaires en Afrique, notamment au Mali, qui sont parfois interprétées comme des manifestations de néocolonialisme. Aussi, la Chine en Afrique est devenue un acteur économique majeur en Afrique, mais ses relations avec les pays africains sont également critiquées par certains comme étant néocolonialistes. Dès lors, comment est présenté le néocolonialisme en République centrafricaine aujourd'hui ? Quels sont les enjeux et défis qui s'opèrent dans la construction et reconstruction de la République Centrafricaine ? La réponse à ces interrogations constituera l'ossature de notre présente analyse.

Mots clés : Néocolonialisme, République, Centrafricaine

Abstract :

Neocolonialism in Africa refers to the domination, often indirect, exercised by former colonial powers or other states over African countries, even after their political independence. This domination is expressed primarily through economic, financial, political, and cultural mechanisms, maintaining a form of dependence and exploitation. It implies that African countries are often kept in economic systems that make them dependent on the former colonial powers, for example, through unbalanced trade agreements, control of natural resources, or debts. Here, former colonial powers can exert political influence over African governments, either directly or through military interventions or support for political factions. Neocolonialism can also be expressed through cultural influence, particularly through the maintenance of educational systems and media that promote the values and interests of the former colonial powers. For example, the CFA franc, a currency used in several West and Central African countries, is often criticized as a symbol of French economic domination. Defense agreements between France and certain African countries, although often presented as cooperation agreements, are perceived by some as tools for maintaining French influence. France, for example, has conducted several military interventions in Africa, notably in Mali, which are sometimes interpreted as manifestations of neocolonialism. China has also become a major economic player in Africa, but its relations with African countries are also criticized by some as neocolonialist. How, then, is neocolonialism presented in the Central African Republic today? What are the issues and challenges in the construction and reconstruction of the Central African Republic? The answers to these questions will form the basis of our present analysis.

Keywords: Neocolonialism, Republic, Central African

Introduction

Aujourd'hui, le néocolonialisme se déroule dans l'ombre car, il s'agit d'une forme indirecte de contrôle des africains. Seulement 0,1% de la population mondiale vit sous un régime colonial. Le colonialisme tel qu'on le connaît historiquement n'a plus cours, mais cette statistique ne signifie pas pour autant qu'il n'existe pas de formes contemporaines d'exploitation et d'impérialisme, comme le martelait, Kwamé Nkrumah,[1] Premier Ministre et Président de Ghana.[2] Dans le monde globalisé actuel, ce qui peut être considéré comme un investissement étranger pour le bien de l'humanité peut en fin de compte avoir des arrière-pensées. Les mille et un problèmes qui assaillent l'Afrique subsaharienne[3] depuis une trentaine d'années notamment à travers l'instabilité, le sous-développement, la corruption et les violences telles que les guerres intestines et interétatiques, interventions étrangères, migrations forcées, épidémies etc. renvoient inévitablement aux conditions et aux modalités de son indépendance. Or, celle-ci avait fait l'objet, en son temps, d'une appréciation positive. Sans ignorer le chaos

---

[1] L. Kesteloot, '' Kwame Nkrumah'', *Anthologie négro-africaine. Histoire et textes de 1918 à nos jours*, EDICEF, Vanves, 2001 (nouvelle éd.), p. 230-233.
[2] Kwamé Nkrumah a été une figure clé dans la lutte contre l'impérialisme en Afrique, notamment en tant que défenseur du panafricanisme et opposant au néocolonialisme. Il a activement cherché à libérer l'Afrique du joug colonial et à promouvoir l'unité et l'indépendance du continent. Nkrumah a été un fervent partisan du panafricanisme, une idéologie qui prône l'unité politique, économique et culturelle de l'Afrique. Il voyait l'unité africaine comme un moyen de résistance à l'impérialisme et au néocolonialisme. Nkrumah a dénoncé le néocolonialisme, une forme d'impérialisme où les anciennes puissances coloniales exercent un contrôle indirect sur les États africains par le biais de l'économie, de la politique et de la culture. Il considérait le néocolonialisme comme une menace plus insidieuse que le colonialisme direct. Nkrumah a lutté pour l'indépendance politique et économique des nations africaines. Il a souligné l'importance de la souveraineté pour permettre aux États africains de contrôler leurs propres ressources et de prendre des décisions indépendantes.
[3] C. Laronce, *Nkrumah, le panafricanisme et les États-Unis*, Éditions Karthala, 2000, pp.10-12.

qui s'était installé dès la proclamation de l'indépendance des pays africains, sans ignorer non plus les longues et cruelles guerres coloniales menées par les peuples, on se plaisait à citer l'exemplarité d'un processus d'émancipation qui avait conduit les possessions anglaises et françaises à une indépendance librement négociée au terme d'une évolution politique fondée sur le dialogue et les perspectives d'une harmonieuse coopération. Étrangers à la tradition impérialiste de leur pays respectif, le général de Gaulle et Harold Macmillan étaient parvenus à la conclusion d'une nécessaire et rapide émancipation qui n'interdisait en rien la conclusion de liens préférentiels, les uns par la voie d'accords bilatéraux, les autres dans le cadre d'un Commonwealth élargi et rénové. À dire la vérité, le résultat du néocolonialisme est que les capitaux étrangers sont utilisés pour l'exploitation plutôt que pour le développement des régions les moins développées du monde. Les investissements réalisés dans le cadre du néocolonialisme creusent le fossé entre les pays riches et les pays pauvres du monde au lieu de le réduire. Sans être intégralement démenti, un tel optimisme a rapidement montré ses limites. Ni politiquement ni économiquement, les jeunes États africains n'ont su administrer les preuves de la maturité nécessaire à leur stabilité et à leur développement. Faut-il y voir un legs durable de l'infantilisme dans lequel la néo colonisation les a longtemps maintenus, ou le produit d'une incapacité structurelle à conduire leur avenir ? Loin de tout tiers-mondisme, culpabilisateur des uns et hagiographique des autres, une rapide de relecture de la décolonisation africaine doit pouvoir apporter quelques éléments de réponse.

I- L'INDEPENDANCE DE LA RCA EST-ELLE UN REVE, UN MYTHE OU UNE REALITE ?

L'indépendance de la RCA, proclamée le 13 août 1960, est une réalité complexe, oscillant entre les aspirations nationales et les défis persistants. Si la RCA a formellement accédé à la souveraineté, de nombreux centrafricains la perçoivent comme un ''rêve'' ou un "mythe" en raison des difficultés socio-économiques et politiques qu'elle traverse.

1- Un rêve : l'aspiration légitime à la liberté

Le paradoxe de la fin des années 50 est que, la plupart des leaders politiques africains francophones ont trouvé un modus vivendi dans le cadre de la communauté instituée par la Constitution du 4 octobre 1958. Comme le souligne Simon Louis Formery, Conseiller de tribunal administratif et enseignant à l'Institut d'Études Politiques de Paris dans son livre La Constitution commentée, qui à l'issu du référendum de 1958, à l'exception de la Guinée qui opte pour l'indépendance, l'ensemble des colonies africaines de la France accède au statut d'État membre de la communauté. Et, d'ajouter que cette situation ne devait pas durer plus de dix-huit mois, et, au cours de l'année 60, l'indépendance pure et simple des États d'Afrique se substitue au subtil régime institutionnel de la Communauté.[4]

---

[4] K. Tunteng, ''A Critical Evaluation of the role played by Kwamé N'Nkrumah in the Divorce of Pan-africanism from Pan-Negroism'', pp.4-5.

A vrai dire, si Sékou Touré voulait l'indépendance immédiate et préférait "la liberté dans la pauvreté à la richesse sans dignité", un grand nombre de leaders africains avaient peur de se jeter dans l'inconnu. Ils confortaient alors de Gaulle appuyé par Houphouët et Foccart, dans son attachement à la Communauté. D'ailleurs à propos de l'indépendance de Guinée qui peut faire des émules, de Gaulle précise le fond de ses idées : L'indépendance, vous pouvez la prendre quand vous voudrez, avec évidemment toutes les conséquences.[5] La communauté dans sa diversité culturelle et géographique devient pour les futurs États africains un statut, non définitif mais évolutif, qui terminerait un jour par l'indépendance ou l'intégration volontaire.[6] Au plan purement africain, et centrafricain en général, les germes de la décolonisation se trouvent dans le mouvement de la négritude qui militait pour un retour à la source et à l'épanouissement social, intellectuel et politique de l'homme noir.[7] La libération de l'Afrique soumise aux exactions coloniales devient une urgence et un combat de tout instant. Sa traduction sur le terrain politique se fait par des leaders nationalistes charismatiques tels Nkrumah, Lumumba ou Boganda, des initiateurs à différent degré du panafricanisme. Les deux guerres mondiales allaient avoir une influence déterminante sur les mentalités métropolitaines.[8]

---

[5] C. Chaffard, *Les Carnets secrets de la décolonisation*. Paris, Calmann-Lévy. 2. Vol, 1965, pp.5-7.
[6] F. Fanon, *Peau noire, masques blancs*, Paris, Seuil, 1952, notamment p. 140, p. 176. Voir aussi « Racisme et culture », Présence africaine, juin-novembre, 1956, pp.5-6.
[7] Ibid.
[8] En compensation du service rendu, le Comité François de la Libération Nationale ouvrira le 30 janvier 1944, la conférence de Brazzaville pour faire évoluer le statut des colonies. Il faut redire ici que la charte Atlantique signée le 14 août 1941 proclamait déjà le droit des peuples à disposer d'eux-mêmes.

- **L'indépendance centrafricaine, l'expression d'une conquête nationale**

Elle passe d'abord par la reconnaissance en une identité, à un sentiment réel d'appartenance à une nation et ensuite à la manifestation souveraine de l'économie, des finances, d'une interactivité sous régionale, régionale et mondiale.[9] Enfin, l'acquis de l'indépendance s'inscrit dans une dynamique supra légale et de lobbies péri juridiques (association des droits de l'homme et autres formes d'expression) à la sauvegarde des droits individuels et collectifs de la population, dans une totale expression de la citoyenneté.

- **L'attachement à la nation centrafricaine**

L'indépendance nécessitait de la part du peuple à se reconnaître dans une identité politique et culturelle commune, d'avoir aussi la volonté d'appartenir à une communauté de vie et d'agir, au-delà des intérêts singuliers, pour les biens de la nation. Cela s'exprimait juridiquement par des référents ou symboles souverains que j'aime appeler : les agrégats de la souveraineté nationale. Limitons-nous aux termes plus simples de l'identité. Cela s'exprime sociologiquement par le sentiment de faire partie d'une communauté nationale battue sur un socle de pluralité culturelle et de pluriethnicité. L'unité nationale s'articule autour d'une langue (le Sango) et du civisme à toute épreuve.

---

[9] B. Zalogoye, ''République Centrafrique'', https://fr.m.wikipedia.org/wiki/République_centrafricaine, consulté à Bangui le 08-07-2025 à 18h00.

- L'identité nationale

L'accession du Centrafrique à l'indépendance a conféré au pays des éléments d'identification internationale : un drapeau, un hymne, une devise, des armoiries et une langue nationale. Que dire des agrégats de la souveraineté nationale ?[10] Dans leur transversalité, ils sont porteurs d'un sens de l'histoire et des richesses politico-culturelles d'une nation en formation continue à partir d'une pluralité basique, d'une vocation nationale de déconstruction et de construction en vue d'asseoir une société unifiée.[11] Dans ses différentes composantes ethnologique et sociologique. Les symboles identitaires deviennent alors une voie de reconnaissance nationale et de repérage international d'un peuple sorti de l'anonymat colonial. A titre d'exemple, le Centrafricain ne se reconnaîtra non seulement parle contenu officiel de son passeport mais aussi par les armoiries que porte la couverture de celui-ci. L'écolier de Bossangoa se différenciera de celui de Moundou non seulement par la frontière qui les sépare ou à une moindre importance du rythme et du programme scolaire mais aussi et peut-être surtout par les couleurs de drapeau planté devant le bâtiment et l'hymne chanté pour le "saluer." Les référents symboles apparaissaient à la fois comme signes distinctifs d'identification dans la configuration pluriétatique de la société internationale. Comme également des éléments qui sous-tendaient l'amour du national à son pays. Ils s'incarnaient la propension qui nous attirait vers notre destinée commune de voir un pays à la dimension de nos attentes et imbue de prospérité, de richesse partagée.

---

[10] M-C. Lachèse, *De l'Oubangui à la Centrafrique : la construction d'un espace national*, Paris, l'Harmattan, coll. Histoire Africaine, 2015, pp.25-28.
[11] Ibid.

- **Le sentiment d'appartenance à la nation centrafricaine**

Le sentiment national est définit comme étant l'amour prononcé et vérifiable qu'un citoyen porte durablement pour sa nation. Cet amour s'exprime par la manière d'être, d'aimer et sa préférence absolue pour le peuple et les choses nationales.[12] Elle se vérifie par les attitudes et les actes civiques astreints de toute trahison, d'assassinat politique, du sabotage économique à l'occupation du pays par des forces étrangères, ou du non-paiement d'impôt, de l'absence de la conscience professionnelle, etc.[13] La souveraineté nationale est sapée par l'interférence. Au regard du premier point, la République Centrafricaine est devenue depuis 1989, le site de stationnement permanent d'une partie des forces françaises qui interviennent militairement pour maintenir les régimes autocratiques au pouvoir.[14]

Les dernières mutineries constituent les illustrations éloquentes. Concernant le deuxième point, on note l'engouement des Centrafricains pour les musiques congolaises, camerounaises ou antillaises au détriment d'une culture musicale locale. Les ministres successifs en charge de la culture n'ont jamais développé une politique cohérente pour valoriser les rythmes de terroir. A titre d'exemple, sous le régime du général Kolingba, le don des instruments a été fait aux groupes qui s'illustrent dans la musique congolaise. Des ensembles tels que Zokéla, vibrant au rythme quasi typiquement centrafricain ont été oubliés. A ce niveau, le Centrafricain souffre du mimétisme culturel. Pour que la

---

[12] P. Gourdin, '' République Centrafricaine, géopolitique d'un pays oublié'', consulté à Bangui le 15-07-2025 à 19h00.

[13] J-F. Bayart, *L'État en Afrique : La politique du ventre*, Paris, l'Harmattan, 1993.

[14] G. Cogne, ''Première guerre civile de Centrafrique'', https://fr.mPremière_guerre_civile_de_Centrafrique, consulté à Bangui le 05-06-2025 à 10h00.

souveraineté nationale dans ses aspects économique et financier, supra légal et péri juridique soit efficace, l'indépendance doit être marquée par une économie, des finances très fortes et des instruments juridiques établis pour valoriser et défendre les droits fondamentaux des citoyens.

2- Un mythe : l'indépendance formelle sans souverain réelle

L'expression indépendance formelle sans souveraineté réelle décrit un État qui possède les attributs de l'indépendance comme le droit à l'autodétermination mais manque de l'autorité et de la capacité de décider et d'agir de manière autonome sur la scène interne et internationale.[15] Cela se traduit par des contraintes externes qui limitent l'exercice de son pouvoir, même si sa souveraineté est reconnue juridiquement.

-Dépendance économique : la RCA reste liée à l'ancienne puissance coloniale par des accords inégaux, et dépend de l'aide extérieure pour fonctionner

L'indépendance de la RCA n'était pas une fin en soi, mais un moyen de libération nationale, un moyen de libération de l'Homme. Un moyen qui, entre autres objectifs, devait, sur le plan national, être porteur de changements des structures socio-économiques, juridiques et

---

[15] Kwamé Nkrumah, *Le Néo-colonialisme, dernier stade de l'impérialisme*, Paris, Présence Africaine, 1973, pp.19-20.

politiques héritées de la domination coloniale.[16] Sur le plan international, il devait être l'expression d'un courant conduisant à une transformation de l'ordre économique, politique et juridique en place.[17] En fait, l'indépendance de la RCA restait un mythe ; les transformations structurelles internes attendues n'ont pas eu lieu et, à l'extérieur, sur la scène internationale, l'Afrique reste plus que jamais marginalisée et dominée. L'indépendance devait constituer un frein à la prodigieuse aventure maritime de l'Europe sur la route des épiées et des grandes découvertes géographiques des XVe et XVIe siècles. Aventure qui, on le sait, mena à la colonisation de l'Amérique, des côtes africaines et asiatiques et, finalement, à l'établissement de la suprématie économique, politique et militaire de l'Europe sur le monde jusqu'au lendemain de la seconde guerre mondiale.[18] Les mouvements de libération nationale, moteurs de l'indépendance, devaient affecter et remettre en cause d'importants intérêts économiques, politiques et stratégiques des puissances coloniales. Pour la RCA, vingt années après, les fruits de l'indépendance n'ont toujours pas tenu les promesses des fleurs. La domination étrangère a changé de visage et de nature, mais elle demeure. D'abord à travers les idéologies et les institutions importées, les relations privilégiées sur les plans politique, économique, militaire avec les anciennes puissances coloniales. La domination française demeure également par les interventions de toutes sortes dont la RCA est l'objet depuis une vingtaine d'années : interventions directes de

---

[16] J. P. McGowan, ''The Pattern of African Diplomacy : A Quantitative Comparison'', in *Journal of Asían and African Studies,* vol. IV, No. 43 (July 1969), p. 218.
[17] M. Bedjaoui, *Pour un nouvel ordre économique international,* Paris, UNESCO, 1978, p.883.
[18] R. Good, *Neutralism and non-aligned; the New States in World Affairs*, édité par L. Martin, New York, 1962. Voir également: *Foreign Policy and the Developing Nations*, édité par Richard Butwell, Lexington, Kentucky, 1969, pp.10-13.

forces armées ; formation des forces armées et police à la répression populaire ; interventions idéologiques par l'envahissement de la littérature, des arts, des médias et du système d'éducation ; enfin, intervention pour protéger les intérêts économiques étrangers à travers des institutions internationales. C'est cette politique, plus communément appelée néo-colonialiste, et qui tend à rendre plus difficiles et plus impraticables les voies choisies par certains dirigeants africains soucieux de mener la lutte de libération nationale à son terme, qui caractérise les rapports entre l'Afrique et le reste du monde depuis l'indépendance. Ainsi, après avoir salué l'indépendance de la RCA comme une victoire et surtout après l'avoir confondue avec la libération nationale, nous avons dû revenir sur notre jugement pour constater que derrière la façade et la fiction de l'indépendance se dissimulait une tout autre réalité, contrôlée et dominée de main de maître, notamment par les anciennes puissances coloniales. Dans cette construction du premier âge de la décolonisation écrit avec pertinence Mohamed Bedjaoui[19] dans son remarquable ouvrage sur le Nouvel Ordre économique international l'indépendance fictive triomphe et la souveraineté de l'Etat prend la forme d'un mirage.[20] Prenant appui sur une subordination économique organisée dont l'incompatibilité avec le concept véritable de souveraineté est flagrant.[21] Aux commandes du bateau nommé

---

[19] Bedjaoui, *Pour un nouvel ordre économique,* p.885.

[20] L'insuffisance évidente du concept classique de souveraineté de l'Etat, tel qu'il avait été transcrit en 1945 dans la charte des Nations Unies, éclate au grand jour. Défini par ses seuls éléments politiques à l'exclusion de ses aspects économiques, le concept a permis de reconnaître à l'Etat nouveau les signes apparents ou extérieurs de sa souveraineté drapeau, hymne national et siège aux Nations Unies alors que la réalité du pouvoir réside ailleurs. Derrière le caractère factice des structures juridico-institutionnelles mises en place pour donner quelque apparence à la souveraineté nationale de l'Etat nouveau, des formes de dépendance réelle apparaissent,

[21] J-F, Médard, *Les États d'Afrique noire*, Paris Kartala, 1991, pp.10-12.

indépendance, la France, pour assurer la protection de leurs intérêts, a simplement changé de politique vers ses mêmes fins. Leur nouvelle stratégie a consisté à déléguer certains pouvoirs aux dirigeants centrafricains, mais pas tous les pouvoirs. En particulier, les moyens de libération nationale restaient entre les mains de la France. Le maintien des intérêts ainsi protégés se faisait en rendant nécessaire les structures professionnelles, des équipements industriels, des besoins et des services qui perpétuent une dépendance à l'égard des pays fournisseurs. Cette emprise directe ou indirecte sur le travail, la production et les ressources naturelles de la RCA sera complétée par des accords tacites « de protection » du régime et leur maintien au pouvoir par l'ancienne puissance coloniale. En liant le sort des intérêts de la métropole avec celui des nouveaux gouvernements africains, ces accords tacites constituent, en dernière analyse, la garantie la plus sûre du maintien et de la protection des intérêts étrangers en RCA. Les résultats de cette politique démontrent aujourd'hui, d'une manière on ne peut plus claire, à travers la détérioration des termes de l'échange et le poids de la dette de la RCA, la nature réelle de cet échange inégal. Trois siècles d'histoire nous apprennent que le développement des uns ne peut être le sous-produit du développement des autres, et que la croissance économique du Sud, greffée sur la croissance économique du Nord, n'est pas le développement.

-Présence militaire étrangère : à travers les décennies, la France, puis d'autres puissances comme la Russie, ont exercé une influence militaire et politique

La politique extérieure de la RCA depuis son accession à l'indépendance se caractérise par une diplomatie largement dominée par la situation générale de l'Afrique.[22] En dépit des déclarations officielles et, parfois, des apparences, la RCA poursuit une politique extérieure prudente, dictée par des considérations de sécurité du régime en place et, en outre, par la faible situation économique. La plupart des actions diplomatiques de la RCA pays nouvellement indépendant d'Afrique était inspirée de la stratégie du pays vaincu à la fin d'une guerre perdue.[23] Le souci immédiat de la RCA, c'était de réintégrer le système politique international. Ce faisant, il pratiquait l'une des deux stratégies suivantes : comme la République de Weimar sous Stresemann ou la France de Talleyrand. La fragilité de la situation héritée de la colonisation des frontières tracées en fonction des intérêts des puissances coloniales, un nombre considérable d'ethnies désormais enfermées dans des frontières intangibles, des gouvernements et des régimes en quête de légitimité et en proie à l'instabilité et une conjoncture politique internationale dominée par la confrontation idéologique entre l'Est et l'Ouest, ont convaincu les gouvernements centrafricains de placer au premier rang de leur politique extérieure le problème de la sécurité de leur régime. En réalité, ils ont identifié la sécurité nationale à la sécurité du

---

[22] Lire à cet effet « Centrafrique : la lettre de Chirac à Patasse », Jeune Afrique du 12 au 18 mars 1997, p. 17.

[23] D. BIGO, '' Les conflits bipolaires : dynamiques et caractéristiques'', *Cultures et conflits* (En ligne), 08/Hiver 1992, mis en ligne le 07 janvier 2003, consulté à Bangui le 17 mai 2025 à 9h00. URL : http:conflits.revues.org/517.

gouvernement au pouvoir, et la politique nationale de sécurité consiste à mettre en place tout ce qui est nécessaire pour assurer la protection du régime en question. C'est la priorité des priorités. Le développement économique peut, bien entendu, contribuer à renforcer cette sécurité, mais il n'a pas été le moyen privilégié pour ce faire.[24] La sécurité a consisté, pour le gouvernement en place, à tout mettre en œuvre pour assurer son contrôle absolu sur toute la vie nationale et à centraliser à son niveau toutes les décisions ; ceci, afin non seulement de contrôler la population, mais également de contrôler toutes les interventions extérieures susceptibles de concurrencer l'influence des autorités locales. Sur le plan de la sécurité régionale, il est à noter que les plus fermes résolutions de l'OUA depuis sa création portent précisément sur les problèmes de la sécurité régionale. L'importante résolution sur l'intangibilité des frontières héritées de la colonisation, de même que la convention régionale sur les réfugiés ou celle prête pour leur signature sur les droits de l'homme, toutes ces initiatives avaient pour but de renforcer la sécurité régionale.

L'action privilégiée a été une alliance entre Etats souverains et non la création d'institutions supranationales. Sans diminuer en rien le rôle et l'importance de cette organisation, il faut bien reconnaître qu'en Afrique l'OUA aura contribué davantage à forger et à consolider l'indépendance nationale de ses membres qu'à favoriser l'intégration nationale. Elle aura été une plate-forme de discussion, de consultations et de concertation de la politique extérieure d'Etats africains souverains

---

[24] En effet, le 10 septembre 2009, François Bozize en visite en Chine signe un contrat avec la société chinoise China Petroleum Corporation (CNPC) pour l'exploitation de la réserve pétrolière de Boromata dans le Nord-est du pays.

cherchant des moyens pour minimiser les effets des interventions extérieures.[25] Dans la conjoncture économique internationale présente, la RCA est économiquement dominée et extrêmement tributaires des centres de décisions du marché international sur lesquels il n'a aucune prise. Cette forme de dépendance ne doit pas être confondue avec le type généralement admis celui-là qui caractérise les relations d'interdépendance entre Etats souverains et indépendants. Cette dépendance, comme le notent fort justement McGowan et Smith, se présente comme un système asymétrique de relations et de contrôle qui peut être un Etat, une entreprise multinationale ou un parent change, ou maintient, d'une manière régulière et constante le comportement du contrôle, qui peut être un autre Etat, un secteur économique ou un enfant. Cette dépendance économique comporte naturellement des dimensions politiques et militaires.[26]

---

[25] L'autre domaine dans lequel la politique étrangère de la RCA s'est orientée depuis l'indépendance, est la coopération économique internationale, en particulier le commerce international et la division internationale du travail. Les instruments d'une telle politique étaient essentiellement l'autosuffisance économique, la coopération économique régionale et les importations de substitution

[26] Pour réduire cette domination, cette forme de dépendance économique et politique de l'étranger, les Etats africains préconiseront, dans l'ensemble, quatre solutions : l'africanisation des cadres, la stratégie des importations de substitution, la coopération régionale et la négociation pour une nouvelle division internationale du travail et un nouvel ordre économique international. On le sait aujourd'hui, les termes de l'échange avec les pays industrialisés et l'exiguïté du marché intérieur de la plupart des Etats africains ne permettront pas à ces derniers de créer de nouvelles sources de revenus pour soutenir leur commerce extérieur dans le cadre de la stratégie des importations de substitution.

3-Une réalité : un processus inachevé en RCA

L'Indépendance de la RCA est aussi une réalité juridique : elle dispose d'un drapeau, d'un gouvernement, d'une représentation internationale. Mais l'indépendance n'est pas un événement, c'est un processus. Des efforts existent, même s'ils sont fragiles :

-Processus de paix et de réconciliation malgré les conflits en RCA

Un processus de paix et de réconciliation malgré un conflit vise à transformer les relations après la violence, en établissant une coexistence pacifique et une reconstruction des liens sociaux, souvent par des approches multidimensionnelles. Cela implique la résolution des conflits pour mettre fin aux hostilités, suivie d'une réconciliation qui englobe la reconstruction des institutions (justice, services publics), le pardon, la transformation des mentalités et la participation des communautés locales. La réconciliation est un processus global incluant des instruments clés tels que la justice, la vérité, la cicatrisation et la réparation afin d'assurer la transition d'un passé divisé à un avenir commun. La réconciliation en RCA est à la fois un but, quelque chose vers quoi tendre, et un processus, le moyen d'atteindre ce but. La controverse naît de la confusion de ces deux idées. Nous nous concentrerons sur la réconciliation en tant que processus. On considérera la réconciliation comme un processus global et inclusif, incluant les instruments clés tels que la justice, la vérité, la réparation, etc. qui permettent la transition d'un passé divisé à un avenir commun.[27]

La réconciliation est un processus à long terme. Elle ne peut être improvisée. La réconciliation prend du temps et le rythme ne peut en être dicté. La réconciliation est un processus aux implications profondes. Elle implique des changements dans les attitudes, les aspirations, les émotions et les sentiments, voire même les croyances. De tels changements ne peuvent être hâtés ou imposés.[28] La réconciliation est un processus très large. Elle s'applique à tous et pas uniquement à ceux qui ont directement souffert et à ceux qui ont infligé des souffrances, même si ces personnes occupent une position centrale. Les attitudes et les croyances sous-tendant un conflit violent se diffusent très largement dans une communauté et elles doivent être traitées au niveau local.[29]

Établir la confiance. Ceci requiert de chaque partie, victimes et agresseurs, qu'elles retrouvent confiance en elles-mêmes et en l'autre et

---

[27] S. Meye, ''La coopération policière en Afrique Centrale : point de la situation'', *Enjeux*, numéro 50, janvier 2015, p. 29.

[28] Y. A. Chouala, '' Puissance, résolution des conflits et sécurité collective à l'ère de l'Union Africaine, Théorie et pratique'', Bordeaux, CEAN, 2006, p.292.

[29] Il n'existe pas une seule recette pour une réconciliation réussie. Chaque conflit et le règlement démocratique qui s'ensuit étant uniques, le processus de réconciliation associé diffère de tous les autres de façon importante, même s'il existe certaines similarités. La communauté donatrice est de plus en plus disposée à prêter son concours à la réconciliation. Les donateurs bilatéraux et multilatéraux, ainsi que les acteurs multilatéraux et régionaux, reconnaissent aujourd'hui d'avantage l'importance de la réconciliation dans la prévention des conflits, le développement humain, la sécurité humaine, l'élimination de la pauvreté et la consolidation de la paix en RCA. Le risque existe de réduire la réconciliation à une série d'étapes logiques. Une rechute est véritablement possible à chaque étape, et les étapes ne se suivent pas toujours dans l'ordre établi. Elles restent toutefois des ingrédients essentiels pour une réconciliation durable. Remplacer la peur par une coexistence non-violente. Lorsque les combats s'arrêtent, le premier pas est la coexistence non-violente : dans sa définition minimale, c'est le vivre et laisser vivre accompagné de la reprise d'une communication rudimentaire de part et d'autre de la ligne de partage. Les leaders politiques et communautaires, les ONG et les institutions religieuses doivent promouvoir une telle communication. Les décideurs politiques locaux et/ou internationaux ont la responsabilité de garantir la sécurité physique minimale nécessaire.

reconnaissent l'humanité de l'autre : ceci est la base de la confiance. Une démocratie efficace après un conflit est érigée sur une double fondation : un ensemble de structures et de procédures équitables pour traiter de manière pacifique des problèmes divisant une société, et un ensemble de rapports de travail entre les groupes impliqués. Une société ne développera pas ces rapports de coopération si les structures ne sont pas équitables et, inversement, les structures ne fonctionneront pas correctement, aussi équitables soient elles, sans une coopération minimale dans les interactions entre citoyens. Tandis que le compromis démocratique fournit des solutions aux problèmes du conflit, la réconciliation renvoie aux rapports entre ceux qui devront appliquer ces solutions.

-Tentatives de réformes démocratiques (Election et dialogue politique)

Les tentatives de réformes démocratiques incluent le recours à des mécanismes comme la facilitation de dialogue, la médiation, l'appui technique aux partis politiques et aux institutions parlementaires, ainsi que l'observation d'élections, visant à transformer des États autoritaires ou sortant de conflits en démocraties stables et sécurisées. Des organisations comme la Direction des Droits de l'Homme et des Politiques de Paix (DPDH) de la Suisse offrent une expertise technique et politique pour accompagner ces processus à travers la diplomatie préventive, l'expertise légale et l'appui à la conduite de réformes constitutionnelles, d'élections et de travaux parlementaires.[30]

---

[30] GRIPSÉ, *Les 100 jours de Faustin-Archange Touadéra : défis de la RCA post-conflit*, DGRIS, Bruxelles, 2016, pp.4-7.

Les réformes démocratiques en Centrafrique[31] visent à renforcer la gouvernance à tous les niveaux et à rétablir le contrat social, mais elles sont confrontées à des défis majeurs comme la gestion de la sécurité, la consolidation des institutions et le renforcement de la participation citoyenne. Des efforts sont en cours pour réformer le système électoral, stabiliser le pays après la crise et améliorer les services publics, tout en cherchant à réduire la corruption et la mauvaise gouvernance. La Banque mondiale a approuvé des financements à l'appui des politiques de développement en faveur de la République centrafricaine. Ces financements visaient à soutenir les efforts de réforme entrepris par les autorités pour renforcer la mobilisation des recettes et la gestion des finances publiques, et créer des conditions plus propices à une croissance inclusive et durable. Les réformes soutenues par ce financement à l'appui des politiques de développement sont indispensables pour améliorer la situation budgétaire et la gouvernance du pays tout en diversifiant l'économie. Il s'agit de mesures essentielles pour parvenir à une croissance durable et inclusive, soutenir l'économie du pays et améliorer le bien-être de tous les citoyens. Ces opérations se sont articulées autour de plusieurs axes prioritaires. Le premier vise à renforcer la viabilité budgétaire et la gouvernance grâce à la modernisation de l'administration fiscale et douanière, à une réglementation plus rigoureuse du secteur pétrolier, à un contrôle accru des finances publiques et à l'amélioration de l'efficacité du système de passation des marchés publics. La seconde priorité est de soutenir la diversification économique et l'inclusion en améliorant l'environnement

---

[31]R. Semninakpon Houenou, ''Aspects de la crise en République centrafricaine'', PSEI, 2016, http://revel.unice.fr/psei=1255, visité le 28/07/2017 à 18h30, pp.26-27.

de l'entreprise, la protection sociale pour les populations les plus vulnérables, ainsi que l'accès à l'électricité et aux services essentiels comme la santé et l'éducation. Ces efforts seront essentiels pour renforcer la résilience du pays aux chocs futurs et augmenter la marge de manœuvre budgétaire disponible pour financer des investissements dans les infrastructures et le capital humain.[32]

-Richesse naturelle encore à valoriser pour un développement autonome

L'indépendance réelle dépendra de la capacité des centrafricains à reprendre le contrôle de leurs ressources, institutions et destin collectif, sans domination externe. Pour un développement autonome, il est crucial de valoriser les richesses naturelles par le biais de l'exploitation durable des ressources comme l'eau, les forêts, les terres agricoles, les minerais et les énergies renouvelables. Cela implique une transformation locale des matières premières, un investissement dans les infrastructures, l'implication du secteur privé, le soutien aux savoir-faire locaux et la promotion du tourisme responsable pour générer des emplois et des revenus. Une gestion éclairée des ressources de la RCA, évitant la corruption et la dépendance excessive, est essentielle pour transformer la rente en croissance durable et créer une économie moins vulnérable aux chocs extérieurs. Les efforts mondiaux visant à décarboner les économies sont susceptibles de créer une demande de 3 millions de tonnes de minéraux et métaux, dont beaucoup se trouvent en Afrique. La

---

[32] Il s'agit notamment de mettre l'accent sur les budgets et les dépenses alloués à l'enseignement technique et professionnel, afin de doter les futurs actifs des compétences pratiques nécessaires pour affronter la concurrence du marché du travail, et contribuer ainsi à la croissance économique et à la réduction de la pauvreté. La mise en opération du programme national de filets sociaux renforcera également la protection sociale, en ciblant les segments de la population les plus vulnérables.

RCA a donc la possibilité de valoriser les richesses en ressources naturelles pour accélérer l'accès à l'énergie et la transition verte, stimuler la transformation économique et l'emploi, et générer davantage de recettes fiscales.

-L'œuvre négative du néocolonialisme européen en RCA : Les accords de défense

Tous les accords de coopération signés au moment de la décolonisation comportent un volet militaire intitulé : accords de défense.[33] Ces accords constituent un pivot du processus de décolonisation néocoloniale initié par le Général De Gaulle. Comme les précédents, les nouveaux accords sont bâtis selon un même canevas.[34] Le contenu est également identique et peut se ramener à quelques principes clefs : les accords sont présentés comme s'inscrivant dans une logique de « partenariat » ; ils annoncent l'objectif d'une perspective régionale (partenariat stratégique Afrique-Union Européenne ; mécanismes africains de sécurité collective ; etc.) ; l'article 2 prévoit l'association aux activités militaires de contingents africains sous mandat de l'ONU ou de l'Union Africaine ; l'article 3 prévoit le respect des loi et règlements du pays d'accueil ; Contrairement aux précédents, les nouveaux accords ne comportent aucune mention d'accords spéciaux secrets et interdisent explicitement l'intervention en cas

---

[33] Dag Hammarskjöld Foundation, " l'Etat et la crise en Afrique : à la recherche d'une seconde libération", éd. Centre de vulgarisation agricole, Kinshasa 1995, pp.12-13.

[34] Les accords de défense en Afrique sont divers et évoluent, comme en témoigne la récente rupture des accords entre le Tchad et la France, qui affirme la souveraineté tchadienne et marque un tournant après les départs français du Mali, du Niger et du Burkina Faso. Ces accords, dont le cadre est souvent défini par des traités comme ceux de la CEDEAO, régissent la coopération militaire et la sécurité, s'adaptant aux réalités géopolitiques actuelles et aux aspirations des États africains à une plus grande autonomie.
Exemples d'accords de défense

de troubles intérieurs. Au-delà de ces affirmations de principe se sont les déclarations qui accompagnent ces accords qui sont significatives. Elles convergent toutes dans l'affirmation que ces accords seraient une rupture avec la Françafrique, les clauses secrètes, l'ingérence dans les affaires intérieures, etc.[35]

II- L'ENTREE EN SCENE DE NOUVEAUX ACTEURS INTERNATIONAUX : investissements Chinois, la milice Wagner, les mercenaires Américains

L'évolution des dynamiques internationales en République Centrafricaine (RCA) implique désormais l'entrée en scène de nouveaux acteurs internationaux, notamment les investissements chinois, la présence de la milice Wagner (liée à la Russie) et l'implication de mercenaires américains (La Bancroft Global Development). Ces nouveaux acteurs contribuent à remodeler les équilibres de pouvoir et les enjeux géopolitiques dans la région.

---

[35] L'insistance sur la transparence souligne un des objectifs des nouveaux accords : re-légitimer une présence militaire et des interventions de plus en plus contestées en Afrique comme en France. Le livre blanc définit même les buts des futures guerres : l'intervention extérieure de nos forces s'inscrit dans un triple objectif : assurer la protection de nos ressortissants à l'étranger, défendre nos intérêts stratégiques, comme ceux de nos partenaires et alliés, et exercer nos responsabilités internationales.

1-Investissements chinois en RCA : (Infrastructure et ressources naturelles, relations économiques)

La Chine et la République centrafricaine ont exprimé leur engagement à renforcer leur coopération dans divers domaines, à l'occasion d'une visite officielle de Sylvie Baïpo-Temon, ministre centrafricaine des Affaires étrangères à Beijing. L'information avait été rapportée mardi par l'agence officielle chinoise Xinhua, à l'issue d'un entretien de Sylvie Baïpo-Temon avec son homologue chinois Wang Yi.[36] ''Le ministre chinois des Affaires étrangères, Wang Yi, s'est entretenu lundi à Beijing avec la ministre des Affaires étrangères de la République centrafricaine, Sylvie Baïpo-Temon, les deux parties s'engageant à renforcer la coopération dans divers domaines''. Selon la même source, Wang Yi a déclaré que la Chine travaillera avec la République centrafricaine pour approfondir la confiance mutuelle stratégique et la coopération amicale, tout en déployant des efforts conjoints pour édifier un partenariat stratégique.

---

[36]https://www.aa.com.tr/fr/afrique/la-chine-et-la-centrafrique-sengageant-%C3%A0-renforcer-la-coop%C3%A9ration-dans-divers-domaines/3193007, consulté à Bangui le 25-08-2025.

Photo 01 : le renforcement de la coopération sino-centrafricaine

Source : https://www.google.com/search? photos de la chine en RCA

''La Chine est disposée à renforcer la coopération avec la République centrafricaine dans des domaines tels que la construction d'infrastructures, le développement vert, les soins médicaux et de santé, l'éducation et la formation, et la sécurité et l'application de la loi'', a détaillé l'agence Xinhua. Pour sa part Sylvie Baïpo-Temon a affirmé que « la République centrafricaine respecte fermement le principe d'une seule Chine et soutient fermement la Chine à défendre ses intérêts fondamentaux ». ''La République centrafricaine soutient fermement les initiatives mondiales proposées par la Chine, et elle souhaite renforcer la coopération amicale avec la Chine dans divers domaines afin d'atteindre des résultats gagnant-gagnant'', a-t-elle ajouté. La cheffe de la diplomatie centrafricaine est arrivée dimanche dans la capitale chinoise Beijing, pour une visite officielle de trois jours, à l'invitation de son homologue Wang Yi. En 2025, la Chine a intensifié ses investissements en RCA, principalement dans les secteurs de l'infrastructure et des ressources naturelles.[37] Ces investissements comprennent des projets d'exploitation minière et la construction d'infrastructures telles que des routes et des ponts. Dans le cadre du renforcement des partenariats internationaux et du transfert de compétences, le Conseiller à la Présidence de la République en charge des PME et de la promotion du secteur privé, Kalite Deya, a conduit une mission professionnelle en Chine avec la deuxième délégation de la République centrafricaine, du 16 au 31 juillet 2025. Cette mission stratégique vise à découvrir de nouvelles opportunités de croissance pour la République Centrafricaine, notamment dans les secteurs du commerce, de l'énergie et de l'entrepreneuriat. M. Kalite Deya, invité officiellement par l'Académie chinoise pour le commerce international (AIBO), a dirigé la deuxième délégation de cadres du ministère de l'Énergie et de l'Hydraulique, afin de se familiariser avec le modèle de croissance chinois, réputé pour son efficacité et son impact économique.[38] Cette initiative témoigne de l'implication du gouvernement, sous l'impulsion cruciale du Président de la République, Professeur Faustin Archange Touadéra, dans la relance de l'économie nationale, le renforcement des capacités des institutions, l'encouragement de l'investissement privé et la prise en charge d'un accès durable à l'énergie pour tous. La Chine, grâce à l'AIBO, joue un rôle clé dans la formation des cadres africains, les encourageant chaque année à explorer les moyens de son épanouissement. Cette collaboration offre aux pays africains, y compris

---

[37] Ibid.

[38] D'importantes entreprises commerciales et énergétiques chinoises ont été visitées par la délégation centrafricaine, dont certaines sont parmi les meilleures au monde. Grâce à ces visites, il a été possible d'établir des échanges techniques de haut niveau et de réfléchir à l'adaptation des solutions chinoises aux réalités du contexte centrafricain

à la RCA, une occasion concrète de s'inspirer de modèles efficaces et de bâtir un avenir résolument axé sur la croissance et l'indépendance économique.[39]

-La coopération Russo-centrafricaine

La coopération actuelle entre la Russie et la République Centrafricaine (RCA) est marquée par des intérêts économiques, notamment l'exploitation des ressources minières, et une collaboration militaire et sécuritaire, avec le rôle de la société Wagner pour soutenir le régime. Cette alliance a permis à la Russie d'étendre son influence, en échange de soutien militaire, et de développer ses activités dans l'exploitation des diamants et de l'or.

- **Le jeu d'influence de la Russie dans la reconfiguration de la coopération militaire en République centrafricaine**

Après plusieurs années d'instabilité consécutive à une guerre civile, la République Centrafricaine (RCA) est au cœur d'une nouvelle reconfiguration de la coopération militaire avec la Russie. Tirant avantage des limites des puissances traditionnelles notamment la France, la Russie s'érige aujourd'hui en partenaire privilégié de la RCA. L'arrivée au pouvoir le 30 mars 2016 du président Touadéra va contribuer à la remise en cause de l'hégémonie militaire de la puissance française en RCA. Le nouveau régime au pouvoir en RCA va diversifier sa coopération en établissant un partenariat militaire avec la Russie. L'Empire des Tsars s'enracine en Centrafrique et se présente désormais comme un partenaire de choix. Cette recomposition de la

---

[39] https://lanoca.over-blog.com/2025/08/chine-rca-une-cooperation-strategique-pour-stimuler-le-developpement-du-secteur-prive-et-energetique-en-rca.html, consulté à Bangui le 26-08-2025 à 17h00.

coopération entraîne une sorte de rivalité entre la France et la Russie. Cette rivalité s'est notamment manifestée par le gel de l'aide budgétaire française à la Centrafrique et la suspension de la coopération militaire entre les deux pays le 08 juin 2021. Dans la même veine, l'Union européenne (UE) a annoncé la suspension de ses missions de formation militaires avec les Forces Armées Centrafricaines (FACA) le 15 décembre 2021. Précisément, l'UE accuse le groupe de sécurité privé russe Wagner d'interférer dans le commandement de la FACA. L'influence grandissante de la Russie en Centrafrique a conduit la France à fermer sa dernière base à Bangui. Sur ces entrefaites, la RCA apparaît comme un espace vital de projection et d'offensive de la Russie.[40]

Photo 02 : la présence russe en République centrafricaine

Source : https://www.google.com/search ?q=photos de la Russie en RCA.

L'offensive de la puissance russe en RCA Dans le schéma de projection russe en Afrique centrale, la Centrafrique constitue un terrain d'affirmation de son ambition hégémonique. En effet, le déploiement de

---

[40]J. S. Barrault, ''Relations sino-russes: un «partenariat de convenance» qui tient la route'', consulté à Bangui le 10-07-2025 à 12h00, http://www.ledevoir.com/international/actualites-internationales/472061/relations-
sino-russes-un-partenariat-de-convenance-qui-tient-la-route.

Moscou en Centrafrique est une opportunité de vendre son savoir-faire en matière de sécurité, mais aussi un moyen d'accroître ses marges de manœuvre dans le marché des matières premières. L'accord militaire signé entre les deux États comporte plusieurs clauses relatives notamment à l'envoi des forces russes en RCA, la livraison des armes, la formation de l'armée centrafricaine par les instructeurs russes. L'envoi de plusieurs militaires et instructeurs russes en Centrafrique et la livraison d'armes traduit fort bien l'ampleur de cette coopération. [41]

La Russie a fourni une importante cargaison d'armes à la Centrafrique le 14 août 2019. Après la livraison de janvier 2018, la Russie a obtenu l'aval de l'ONU pour le déploiement de 30 officiers russes au sein de la Mission Multidimensionnelle des Nations Unies pour la Stabilisation en Centrafrique (MINUSCA). En outre, la Russie a réussi à occuper une place prépondérante au cœur du régime au pouvoir en RCA. En avril 2018, Valéry Zakharov avait été désigné comme conseiller à la sécurité du président de la République. Ce dernier est un ancien de la police des douanes ayant travaillé en collaboration avec les structures du groupe Wagner. Par ailleurs, la Russie assure la sécurité des institutions centrafricaines et contribue à la stabilisation du régime du président Touadéra. À cet effet, la société privée Wagner fournit plus d'un millier d'instructeurs à la Centrafrique, assure une grande partie de la formation de la garde présidentielle et la sécurité des institutions étatiques.[42] Le président Touadéra a su profiter de la ligne diplomatique

---

[41] I. Facon '' La politique extérieure de la Russie de Poutine. Acquis, difficultés et contraintes'', Chargée de recherches à la Fondation pour la Recherche Stratégique (FRS).
[42] E. M. Owona Nguini, '' L'Afrique Centrale sous le prisme des intérêts étrangers : vue politique, stratégique, diplomatique, géopolitique et géoéconomique'', *Enjeux*, numéro 42, janvier-mars 2010, p. 8.

de la Russie[43] qui s'avère moins contraignante et moins exigeante en matière de respect des valeurs telles que la démocratie, la bonne gouvernance ou les droits de l'homme. D'ailleurs, le respect de la souveraineté, la reconnaissance des autres modèles de développement et la non-immixtion dans les affaires des États sont les piliers de la ligne diplomatique russe.[44] La Russie a envoyé des troupes pour la sécurisation du pays lors de la tenue des élections en décembre 2020. Alliés aux forces rwandaises, les soldats russes ont d'ailleurs réussi à contrecarrer les attaques des rebelles qui ont eu lieu le 21 décembre 2020. Cet engagement militaire permet en retour à la Russie de tirer avantage de l'exploitation des ressources naturelles en RCA. C'est ainsi que l'entreprise russe Lobaye Invest Sarlu a obtenu en 2018 une autorisation de reconnaissance minière dans les régions de Yawa et Pama dans le but de repérer d'éventuels gisements d'or et de diamant à Birao, Bria, Ndele et Alindao. Avec l'accord du gouvernement centrafricain, les russes exploitent des zones diamantifères et aurifères situées à Boda (préfecture de Lobaye) et à Bakala (préfecture de Ouaka). Toujours dans une logique d'exploitation, la Russie a prospecté les régions de Birao, Ndélé et Bria en remplaçant les sociétés chinoises qui s'étaient retirées à la fin de l'année de 2017. La poursuite des intérêts géoéconomiques de la Russie en Centrafrique s'étend à l'exploitation du bois. Pays riche de ses forêts, le bois constituait en 2021 le principal

---

[43] R. Stone, '' Russia and Multilateral Institutions'', PONARS Policy Memoes, no 271, octobre 2002, pp.2-3. Cet auteur souligne que les pays occidentaux se sont montrés plus enclins à fournir des aides à la Russie susceptibles de promouvoir leurs exportations vers ce pays qu'à lui accorder des avantages commerciaux pp.2-3.
[44]C. Bret et al, ''La Russie a-t-elle les moyens économiques de ses ambitions géopolitiques?'', 2 janvier 2016
http://www.diploweb.com/La-Russie-a-t-elle-les-moyens économiques de ses ambitions géopolitiques/, consulté à Bangui le 15-06-2025 à 17h00.

bien d'exportation en RCA. L'entreprise « Bois Rouge », proche de la Russie, a obtenu le 09 février 2021 une exploitation avec des conditions très avantageuses.[45] La société a acquis dans la préfecture de Lobaye le droit d'exploiter une forêt de 186 000 hectares. Au regard des implications de la coopération russo-centrafricaine, il est nécessaire qu'elle repose sur le principe du partenariat gagnant gagnant générateur de bénéfices réciproques et en l'occurrence de la population centrafricaine.[46]

Toutefois, la présence de la milice Wagner est sujette à des controverses en raison de ses méthodes et de ses liens avec le gouvernement russe. Certains considèrent cela comme une nouvelle forme d'influence étrangère dans la région, tandis que d'autres y voient une réponse aux besoins de sécurité urgents de la RCA. Aussi, des entreprises de sécurité privées américaines ont également été impliquées en RCA, fournissant des services de formation militaire et de sécurité. Ces sociétés sont souvent engagées par le gouvernement centrafricain pour renforcer ses capacités de défense. L'implication de mercenaires américains est souvent liée à des préoccupations sécuritaires et à la lutte contre l'instabilité politique et les groupes rebelles en RCA. Cependant, cela peut également susciter des inquiétudes quant à la dépendance des États africains envers des sociétés privées pour des questions de sécurité.

---

[45] T. Gomart, ''Vladimir Poutine ou les avatars de la politique étrangère russe'', *Politique étrangère* pp. 789-802, http://www.persee.fr/web/revues/home/prescript/article/polit_0032-42X_2003_num_68_3_1255 Politique Etrangère 3-4/2003, consulté à Bangui le 07-07-2025 à 9h00.
[46]https://nkafu.org/wp-content/uploads/2022/11/Le-jeu-dinfluence-de-la-Russie-dans-la-reconfiguration-de-la-cooperation-militaire-en-Republique-centrafricaine.pdf, consulté à Bangui le 26-08-2025 à 18h00.

2-Conséquences et enjeux

L'entrée de nouveaux acteurs internationaux reflète la tendance à une multipolarité géopolitique en RCA, avec plusieurs puissances mondiales cherchant à étendre leur influence dans la région. La présence de multiples acteurs internationaux peut entraîner des défis en termes de coordination et de cohérence dans les efforts pour stabiliser la situation en RCA, en particulier si les intérêts des différentes parties entrent en conflit. En conclusion, l'entrée en scène de nouveaux acteurs internationaux en RCA, tels que la Chine, la milice Wagner et les mercenaires américains, complexifie davantage les dynamiques géopolitiques et économiques dans la région. Il est essentiel de surveiller ces développements pour comprendre pleinement les enjeux contemporains de la RCA.

3- Les conditions et les forces du changement en RCA

La RCA n'est pas condamnée à la domination étrangère. L'alternative à sa dépendance politique et économique actuelle existe. Elle se situe essentiellement à deux niveaux : celui de la politique intérieure et celui de la politique extérieure. L'initiative du changement doit venir d'elle-même qui a éprouvé et vient de subir près de trois siècles de domination et qui reste encore victime d'un système global. La tâche consiste pour la RCA, d'abord en la mobilisation de l'ensemble de ses propres ressources humaines et matérielles pour les mettre au service de la libération nationale. Il s'agit ensuite pour elle de participer, aux côtés des forces progressistes dans le monde, à l'institution d'un nouvel ordre international régi par des valeurs plus humaines, telles que le combat commun pour la paix et la justice. Cette alternative à l'ordre actuel, qui est assimilable à la loi de la jungle[47] ou encore à la loi du plus fort, ne peut pas être le fait de la seule Afrique ; elle doit provenir de l'action commune des forces progressistes de tous les pays en faveur d'une coopération internationale davantage fondée sur la communauté d'intérêts des peuples et, partant, plus solidaire. En effet, individuellement, nos Etats sont vulnérables, mais collectivement, ils sont à même, en coopération avec les forces du progrès et du mouvement dans le monde, d'inspirer considération et respect sur la scène internationale. Techniquement et économiquement la coopération avec les autres Etats, si elle se fonde sur cet esprit de solidarité et sur le respect des intérêts bien compris des partenaires, peut contribuer à consolider les rangs des forces du progrès en faveur d'un autre système de relations internationales. En effet, les pays la RCA représentent aujourd'hui un éventail important et diversifié de potentialités économiques et techniques suffisamment élaborées pour participer au développement de l'Afrique dans le cadre des échanges Sud-Sud. Dans ce cadre également, il est possible de développer des activités de coopération dans la recherche de nouveaux modèles de développement.

---

[47] Gouga III J-C, *Crises sociales en Centrafrique. Essai sur la reconstruction du capital*, Brazzaville, Les Editions Hemar, 2007.

Conclusion

Au terme de cette analyse, il est important de retenir que l'Afrique contemporaine vit malheureusement sous le joug du néo-colonialisme. Ce phénomène qui accapare principalement les sphères politiques, économiques et culturelles, prospère allègrement grâce à la balkanisation et empêche l'essor multidimensionnel des États africains. Pour annihiler ce phénomène et favoriser une transmutation profonde du continent africain, Kwamé Nkrumah recommande vivement l'intégration. C'est par l'intégration que ce continent pourra se soustraire du néo-colonialisme et engager sa marche glorieuse et radieuse vers une Afrique politiquement puissante, économiquement autonome et culturellement forte. Pour l'Afrique, l'unité est la voie du salut.

Références bibliographiques

Bayart, J-F, *L'État en Afrique : La politique du ventre*, Paris, l'Harmattan, 1993.

Bouamama, S, *Figures de la révolution africaine, de Kenyatta à Sankara*, Paris, La Découverte, 2014.

Bret C. et al, ''La Russie a-t-elle les moyens économiques de ses ambitions géopolitiques?'', 2 janvier 2016 http://www.diploweb.com/La-Russie-a-t-elle-les-moyens économiques de ses ambitions géopolitiques/, consulté à Bangui le 15-06-2025 à 17h00.

Châtelot, C, '' Centrafrique : pourquoi intervenir'', *Le Monde*, 19 décembre 2013.

Chaffard, C, *Les Carnets secrets de la décolonisation.* Paris, Calmann-Lévy. 2. Vol, 1965.

Cogne, G, ''Première guerre civile de Centrafrique'', consulté à Bangui le 05-06-2025 à 10h00.

Chouala, Y. A. '' Puissance, résolution des conflits et sécurité collective à l'ère de l'Union Africaine, Théorie et pratique'', Bordeaux, CEAN, 2006, p.292.

Dag Hammarskjöld Foundation, '' l'Etat et la crise en Afrique : à la recherche d'une seconde libération'', éd. Centre de vulgarisation agricole, Kinshasa 1995.

Fanon, F, *Peau noire, masques blancs*, Paris, Seuil, 1952.

Gerold G, ''L'effondrement de l'État centrafricain au cours de la dernière décennie : origines de la crise et quelques idées pour en sortir'',

Fondation pour la recherche stratégique, Note n°08, www.frstrategie.org Consulté le consulté à Bangui le 16-08-2025 à 10h00.

Gouga III J-C, *Crises sociales en Centrafrique. Essai sur la reconstruction du capital, Brazzaville*, Les Editions Hemar, 2007.

Gomart, T, ''Vladimir Poutine ou les avatars de la politique étrangère russe'', Politique étrangère pp. 789-802, http://www.persee.fr/web/revues/home/prescript/article/polit_0032-42X_2003_num_68_3_1255 Politique Etrangère 3-4/2003, consulté à Bangui le 07-07-2025 à 9h00.

GRIPSÉ, *Les 100 jours de Faustin-Archange Touadéra : défis de la RCA post-conflit*, DGRIS, Bruxelles, 2016, p.5.

Kesteloot, L, '' Kwame Nkrumah'', *Anthologie négro-africaine. Histoire et textes de 1918 à nos jours,* EDICEF, Vanves.

Kwamé Nkrumah, *Le Néo-colonialisme, dernier stade de l'impérialisme*, Paris, Présence Africaine, 1973.

Kwamé Nkrumah, *Le Consciencisme*, Paris, Présence Africaine, 1976.

Kwamé Nkrumah, *L'Afrique doit s'unir*, Paris, Présence Africaine, 1994.

Lachèse, M-C, *De l'Oubangui à la Centrafrique : la construction d'un espace national*, Paris, l'Harmattan, coll. Histoire Africaine, 2015.

Laronce, C, *Nkrumah, le panafricanisme et les États-Unis*, Éditions Karthala, 2000.

Médard J-F, *Les États d'Afrique noire*, Paris Kartala, 1991.

Meye, S, ''La coopération policière en Afrique Centrale : point de la situation'', Enjeux, numéro 50, janvier 2015.

Owona Nguini, E. M, '' L'Afrique Centrale sous le prisme des intérêts étrangers : vue politique, stratégique, diplomatique, géopolitique et géoéconomique'', Enjeux, numéro 42, janvier-mars 2010, p. 8.

Obenga T, L'État fédéral d'Afrique noire : la seule issue, Paris, L'Harmattan, 2012.

Soro M. D, L'intégration, condition de la paix et du développement en Afrique, Abidjan, Balafons, 2011.

Senghor, S, *Négritude ou Servitude* ?, Yaoundé, Ed. CLE, 1971.

Semninakpon Houenou, R, ''Aspects de la crise en République centrafricaine'', PSEI, 2016, http://revel.unice.fr/psei=1255, visité le 28/07/2017 à 18h30, pp.26-27.

Sciamma, I, '' Nkrumah, père du panafricanisme'', Article intégral en ligne, 2003.

Zalogoye, B, ''République Centrafrique'', https://fr.m.wikipedia.org/wiki/République_centrafricaine, consulté à Bangui le 08-07-2025 à 18h00.

Stone, R. '' Russia and Multilateral Institutions'', PONARS Policy Memoes, no 271, octobre 2002.

www.ingramcontent.com/pod-product-compliance
Lightning Source LLC
Chambersburg PA
CBHW041215270326
41930CB00001B/33